GUIDE DES CANDIDATS

A L'EMPLOI DE

Commissaire de surveillance administrative

DES CHEMINS DE FER

CONFORME

AUX DÉCRETS DES 20 DÉCEMBRE 1904 ET 10 DÉCEMBRE 1906
ET A L'ARRÊTÉ MINISTÉRIEL DU 10 DÉCEMBRE 1906.

5ᵉ ÉDITION — 1909

PARIS

Henri CHARLES-LAVAUZELLE

Éditeur militaire

10, Rue Danton, Boulevard Saint-Germain, 118

(MÊME MAISON A LIMOGES)

GUIDE DES CANDIDATS

A L'EMPLOI DE

Commissaire de surveillance administrative

DES CHEMINS DE FER

GUIDE DES CANDIDATS

A L'EMPLOI DE

Commissaire de surveillance administrative

DES CHEMINS DE FER

CONFORME

AUX DÉCRETS DES 20 DÉCEMBRE 1904 ET 10 DÉCEMBRE 1906
ET A L'ARRÊTÉ MINISTÉRIEL DU 10 DÉCEMBRE 1906.

5ᵉ ÉDITION — 1909

PARIS

HENRI CHARLES-LAVAUZELLE

Éditeur militaire

10, Rue Danton, Boulevard Saint-Germain, 113

(MÊME MAISON A LIMOGES)

TABLE

OUVRAGES A CONSULTER [1]

POUR LA

PRÉPARATION DES EXAMENS IMPOSÉS AUX CANDIDATS

A L'EMPLOI DE

Commissaire de surveillance administrative

Manuel du candidat à l'emploi de commissaire de surveillance administrative des chemins de fer, par A. Laplaiche, contrôleur général de l'exploitation commerciale des chemins de fer, ancien commissaire de surveillance administrative. Ouvrage rédigé conformément aux programmes officiels et honoré d'une souscription du ministère des travaux publics.

Première partie : Etude des matières du programme, 7e édition, revue et considérablement augmentée, 135 figures dans le texte. — Volume in-12 de 1.127 pages, broché.... 10,»

Relié percaline 11 50

Supplément à la 1re partie : Droit administratif. Législation du travail. Volume in-12 de 253 pages, broché....................... 2 50

Deuxième partie : Solutions des questions posées dans les différents concours depuis 1878, 163 figures dans le texte. — Volume in-12 de 1.093 pages, broché.................. 9 »

Relié percaline 10 50

Les deux parties se vendent séparément.

---

(1) Tous ces ouvrages sont en vente à la librairie militaire Henri CHARLES-LAVAUZELLE, 10, rue Danton, 118, boulevard Saint-Germain, Paris.

Conseils à un jeune commissaire de surveillance administrative des chemins de fer, par un Ancien. — Brochure in-18 de 48 pages.   1 50

Arithmétique et système métrique. Cours préparatoire du ministère de la guerre. — Volume in-18 de 230 pages...............   1 60

Cours d'arithmétique à l'usage des sous-officiers candidats aux Écoles militaires de *Saint-Maixent, Saumur, Versailles et Vincennes*, 1894. — Brochure in-18 de 82 pages..   1 50

Cours d'algèbre, à l'usage des sous-officiers candidats aux Écoles militaires de *Saint-Maixent, Saumur, Versailles et Vincennes*, 1894. — Volume in-18 de 110 pages.............   2 50

Géométrie, avec figures dans le texte. Cours préparatoire du ministère de la guerre. — Volume in-18 de 204 pages...............   1 60

Solutions raisonnées des questions de géométrie, proposées dans le cours des écoles régimentaires, à l'usage des sous-officiers candidats aux Écoles militaires de Saint-Maixent, Saumur, Versailles et Vincennes (2ᵉ édition, 1894). — Volume in-18 de 156 pages, accompagné de 90 croquis dans le texte...............   3   »

Géographie. — Cours préparatoire du ministère de la guerre, avec 14 cartes. — Volume in-18 de 174 pages.....................   3   »

Cours complet de géographie, rédigé conformément au nouveau programme d'admission à l'École spéciale militaire de Saint-Cyr, par J. Mollard, capitaine d'infanterie breveté, professeur adjoint de géographie à l'École spéciale militaire.

Première partie. — *Europe*. Un volume de texte in-8° de 336 pages, cartonné, et un album in-4° contenant 50 croquis. Prix du volume et de l'album   7   »

Deuxième partie. — *France*. Un volume de texte de 400 pages cartonné, et un album in-4°

contenant 46 croquis gravés et tirés en quatre couleurs. Prix du vol. et de l'album. 12 50

Troisième partie. — Colonies françaises, Asie, Afrique, Amérique et Océanie. Un volume de texte et album contenant 18 croquis gravés et tirés en couleurs. Prix du volume et de l'album 5 50

Géographie militaire du bassin du Rhin, par le commandant Pichat. Ouvrage accompagné d'une grande carte du bassin du Rhin et de dix plans de forteresse tirés à part. — Volume in-8° de 308 pages, broché . . . . 6 »

Le monde moins la France (Atlas de géographie moderne), par G. Pauly et R. Hausermann, contenant 42 cartes en chromolithographie, 7 couleurs ; le texte est en regard de chacune des cartes. — Volume in-4°, cart. 2 10

La France et ses colonies (Atlas de géographie moderne), par G. Pauly et R. Hausermann *(nouvelle édition),* contenant 67 cartes en chromolithographie. — Volume in-4°, cartonné 3 15

Atlas universel de géographie moderne, par G. Pauly et R. Hausermann, contenant 120 cartes en chromolithographie, 7 couleurs. — Volume in-4°, cartonné. . . . . 6 »

Nouveaux Codes français et lois usuelles civiles et militaires. Recueil spécialement destiné à l'armée (11ᵉ mille). — Volume in-32 de 1.166 pages, relié toile anglaise, titre or. 5 »

Recueil de la jurisprudence. — Volume in-8° de 400 pages, relié toile anglaise . . . . . . 6 »

Le catalogue général de la librairie militaire est envoyé gratuitement à toute personne qui en fait la demande à l'éditeur Henri CHARLES-LAVAUZELLE, 10, rue Danton, et 118, boulevard Saint-Germain, Paris.

AVANT-PROPOS

Désireux de donner satisfaction aux nombreuses demandes qui nous sont adressées journellement, relativement aux formalités à remplir et aux conditions exigées pour l'obtention de l'emploi de commissaire de surveillance administrative des chemins de fer, nous publions cette petite brochure, qui contient tous les renseignements nécessaires à ce sujet.

GUIDE DES CANDIDATS

A L'EMPLOI DE

Commissaire de surveillance administrative

DES CHEMINS DE FER

Recrutement et avancement.

Les commissaires de surveillance sont répartis en six classes, qui correspondent aux traitements de 2.000, 2.400, 2.800, 3.200, 3.600 et 4.000 francs.

Une classe exceptionnelle à 4.500 francs sera créée prochainement.

A ces traitements, il y a lieu d'ajouter : 1° l'indemnité de résidence, variable suivant que le fonctionnaire est marié ou célibataire ; — 2° les frais de tournées, variables suivant la résidence ; — 3° en Algérie, le quart colonial.

L'entrée dans le cadre des commissaires de surveillance administrative ne peut avoir lieu que par la sixième classe. Les commissaires de chacune des cinq premières classes sont choisis parmi les commissaires de

1.

la classe inférieure. Aucun avancement n'est donné qu'après trois années au moins passées dans la classe inférieure.

Les officiers retraités à partir du 1er janvier 1891 sont soumis, au point de vue du non-cumul ou du cumul de leur pension militaire et de leur traitement de commissaire de surveillance des chemins de fer, aux dispositions des paragraphes 1, 2, 3 et 6 de l'article 31 de la loi de finances du 26 décembre 1890 (*Journal officiel* des 26-27 décembre 1890), modifié par la loi du 31 décembre 1897.

Le quart des places mises au concours est réservé aux officiers retraités des armées de terre et de mer.

Conditions à remplir pour être admis à postuler l'emploi.

Les candidats officiers retraités des armées actives de terre et de mer ne devront pas avoir plus de 52 ans, et les autres candidats moins de 21 ans et plus de 30 ans au 1er janvier de l'année du concours.

Cette limite d'âge est reportée à 35 ans pour les agents du ministère des travaux publics comptant au moins cinq ans de services admissibles pour la retraite, et à 40 ans pour les agents qui ont passé cinq ans au moins dans un service de contrôle de chemins de fer d'intérêt général.

Formalités à remplir par les candidats.

Les demandes d'admission au concours devront être adressées sur papier timbré, au

Ministre des travaux publics, des postes et des télégraphes, deux mois au moins avant l'époque fixée pour le concours, laquelle est annoncée par des avis insérés au *Journal officiel*.

Elles seront accompagnées :

1° D'une expédition authentique de l'acte de naissance du candidat, et, s'il y a lieu, d'un certificat établissant qu'il possède la qualité de Français ; 2° d'un certificat de moralité délivré par le maire du lieu de la résidence, ou par le commissaire de police du quartier, et dûment légalisé ; 3° d'une note faisant connaître les antécédents du candidat et les établissements dans lesquels il a fait ses études ; 4° d'une note faisant connaître sa situation au point de vue militaire ; 5° d'une copie certifiée conforme des états de services, diplômes, certificats, etc., qui auraient pu lui être délivrés ; 6° d'un extrait du casier judiciaire, remontant à moins de six mois de date.

Les demandes d'admission au concours présentées par des militaires en activité de service devront être transmises au Ministre des travaux publics, des postes et des télégraphes, par l'intermédiaire de M. le Ministre de la guerre ou de M. le Ministre de la marine.

Le Ministre des travaux publics, des postes et des télégraphes fait connaître aux candidats, par lettres individuelles, s'ils sont admis ou non à prendre part au concours.

Concours d'admission.

Les épreuves du concours se divisent en épreuves d'admissibilité et en épreuves d'admission. Les épreuves d'admissibilité consistent uniquement en compositions écrites; les épreuves d'admission sont purement orales.

Nul ne peut être admis plus de trois fois à prendre part au concours.

Les compositions écrites sont faites simultanément à Paris et dans les départements et aux jours et heures fixés par l'administration.

Les sujets des compositions écrites sont les mêmes pour toute la France; ils sont envoyés par l'administration au fonctionnaire chargé de présider l'examen, sous enveloppes cachetées. Les enveloppes sont ouvertes en présence des candidats, au moment fixé pour chaque épreuve.

Le fonctionnaire chargé de présider dresse un procès-verbal des épreuves et l'adresse immédiatement au Ministre avec les compositions; le Ministre transmet ces pièces à la commission d'examen.

Les candidats ne peuvent avoir à leur disposition, pendant la durée des compositions, ni livres, ni brochures, ni notes.

Les examens portent sur les connaissances détaillées dans le programme ci-annexé. La valeur relative assignée à chacune des parties du programme est fixée comme ci-après :

Epreuves écrites.

1° Rédaction de rapports sur deux affai-
res de service (avec croquis à l'ap-
pui, s'il y a lieu).   8
2° Reproduction, agrandissement ou ré-
duction d'un croquis, sans le secours d'aucun instrument.   2
3° Composition de sciences (arithmétique, géométrie, mécanique et phy-
sique industrielle).   4
4° Technique des chemins de fer (voie,
matériel roulant, exploitation tech-
nique).   8
5° Exploitation commerciale.   8
6° Notions générales de droit (droit pénal
et instruction criminelle, droit commercial, droit administratif).   5
7° Législation des chemins de fer et du
travail.   5
                                              ___
        TOTAL des coefficients. 40

Epreuves orales.

1° Notions de mécanique et de physique
industrielle.   5
2° Technique des chemins de fer (voie,
matériel roulant, exploitation tech-
nique).   8
3° Exploitation commerciale.   8
4° Notions générales de droit (droit pénal
et instruction criminelle, droit commercial, droit administratif).   5

5° Législation des chemins de fer et du travail. 5
6° Géographie de la France et des colonies. 4

TOTAL. 35

Afin d'arriver à une appréciation exacte du mérite relatif des candidats, il est attribué à chacune des épreuves une note exprimée par des chiffres qui varient de 0 à 20 et qui ont respectivement les significations ci-après :

		0	néant ;
	1	2	très mal ;
3	4	5	mal ;
6	7	8	médiocrement ;
9	10	11	passablement ;
12	13	14	assez bien ;
15	16	17	bien ;
	18	19	très bien ;
		20	parfaitement.

Chacune de ces notes est multipliée par le coefficient exprimant la valeur relative de l'épreuve à laquelle elle se rapporte. La somme de ces produits forme le total des points obtenus pour l'ensemble des épreuves.

Il est donné une note de mérite, pour services rendus, aux fonctionnaires du cadre permanent des travaux publics appartenant à un service de contrôle ou de construction de chemins de fer d'intérêt général. Pour l'attribution de cette note, les candidats sont cotés de 0 à 20, comme pour les autres parties; mais on retranche 13 de la note et il n'est tenu compte que de l'excédent de la note sur 13. Le coefficient de cette note est d'une unité par année complète de service dans les chemins de fer, avec maximum de 10.

D'autre part, les candidats pourvus de certains diplômes universitaires bénéficient d'un supplément de points, qui est fixé à 30 points pour un diplôme de licencié, et à 60 points pour un diplôme de docteur, sans que le cumul des points soit autorisé à raison de la production de plusieurs diplômes.

Ces points n'entrent en ligne de compte que pour le classement définitif.

Nul ne peut être porté sur la liste d'admissibilité aux épreuves orales, s'il a eu une note inférieure à 10 pour deux des compositions écrites, et s'il a obtenu, pour l'ensemble des matières, un nombre de points inférieur aux deux tiers du maximum. Cette liste est publiée au *Journal officiel* par ordre alphabétique des noms.

Après l'achèvement des deux séries d'épreuves, il est dressé deux listes d'admissibilité par ordre de mérite : l'une comprend les candidats officiers retraités, et l'autre les candidats ne rentrant pas dans cette catégorie. Ces listes sont approuvées par le Ministre, qui pourvoit aux emplois vacants, en suivant l'ordre du classement, à raison d'un candidat de la première liste pour trois de la seconde.

Nul ne peut être porté sur ces listes, s'il n'a obtenu au moins les deux tiers du nombre total des points pour les deux séries d'épreuves.

En cas d'insuffisance du nombre des candidats admis, dans l'une des catégories, le Ministre peut pourvoir aux vacances à l'aide des candidats de l'autre liste, qui arrivent en rang utile.

Les officiers en retraite peuvent choisir la catégorie dans laquelle ils désirent concourir. Leur déclaration doit être adressée au Ministre avant le concours, et, une fois les opérations commencées, ils ne peuvent revenir sur leur option. En l'absence de déclaration à cet égard, ils sont classés au titre militaire.

PROGRAMME

DES CONNAISSANCES EXIGÉES (1).

1° *Notions d'arithmétique.*

Exercices de calcul sur le système légal des poids et mesures, la règle de trois simple, les règles d'intérêt simple et d'escompte, les partages proportionnels.

---

(1) Tous les ouvrages nécessaires à la préparation de ces examens sont en vente à la librairie militaire Henri Charles-Lavauzelle, 10. rue Danton, 118, boulevard Saint-Germain, Paris. (Voir l'index, page 5.)

2° *Notions de géométrie.*

A. — Géométrie plane.

Des lignes et des angles. — Ligne droite. — Ligne courbe. — Angle de deux droites. — Angle droit. — Angle aigu. — Angle obtus. — Droites perpendiculaires. — Droites parallèles. — Droites obliques.

Figures formées par les lignes droites. — Polygones. — Triangles. — Diverses espèces de triangles. — Diverses espèces de quadrilatères : trapèze, parallélogramme, losange, rectangle, carré. — Mesures de leurs aires. — Décomposition de l'aire d'un polygone en triangles.

Définition de la circonférence, du cercle. — Centre. — Rayon. — Diamètre. — Corde. — Sécante. — Tangente. — Parties diverses du cercle : arc, secteur, segment. — Mesure des angles. — Expression de cette mesure en degrés, minutes et secondes. — Division de la circonférence. — Longueur de la circonférence. — Signification et valeur du nombre π. — Aire du cercle.

B. — Géométrie dans l'espace.

Expression de l'aire et du volume d'une sphère, d'un cône droit, d'un cylindre droit, d'un prisme droit, d'un parallélipipède droit ou oblique. — Expression du volume d'une pyramide.

3° *Notions de mécanique et de physique industrielle.*

Généralités sur le mouvement ; mouvement uniforme ; mouvement varié ; mouvement rectiligne ; mouvement de rotation. Définition et mesure de la vitesse et de l'accélération.

Généralités sur les forces, le travail et les machines. Définition et mesure des forces en général, de la pesanteur, du travail et de la puissance des machines, de la masse, de l'inertie, du kilogrammètre et du cheval-vapeur.

Notions sommaires sur le centre de gravité, l'effort de traction et l'adhérence des locomotives. Description et usage du levier et de la balance, du treuil, de la poulie, de la moufle, du palan, du cabestan, du plan incliné, du coin, de la vis et de la presse, des engrenages, du cric, du vérin, des grues, des monte-charges, des pompes à eau et des pompes à air.

Notions sur les générateurs de vapeur : alimentation, combustion, vaporisation, pression, manomètre, soupapes, indicateurs de niveau.

Notions sur l'électricité : courants électriques, aimants, piles, dynamos, accumulateurs. Définition des diverses unités industrielles. Distribution de l'énergie électrique appliquée au télégraphe, au téléphone, à l'éclairage, aux appareils de sécurité, au transport de forces, à la traction. Effets dangereux des courants électriques; moyens d'y remédier.

4° *Technique des chemins de fer.*

A. — Notions sur la voie.

Ensemble de la voie de fer. — Ballast. — Traverses. — Rails de différents types. — Attaches des rails. — Eclisses. — Changements de voie simples et doubles. — Traversées. — Traversées-jonctions. — Plaques tournantes. — Ponts tournants. — Chariots roulants. — Taquets et blocs d'arrêt. — Eléments essentiels d'une voie électrique. — Voies en courbe : surhaussement, surécartement. — Passages à niveau. — Passages inférieurs. — Passages supérieurs. — Dispositions spéciales de la voie sur les ouvrages métalliques. — Bifurcations. — Raccordements. — Organisation générale d'une gare. — Voies principales. — Voies de service. — Trottoirs. — Quais. — Passages souterrains et passerelles. — Halles à marchandises. — Remises de machines. — Alimentation d'eau. — Grues hydrauliques. — Organisation du service de l'entretien et de la surveillance dans les compagnies.

B. — Notions sur le matériel roulant.

Locomotives à vapeur et tenders. — Locomotives électriques. — Voitures automotrices. — Voitures à voyageurs. — Appareils d'éclairage et de chauffage. — Systèmes d'intercommunication. — Wagons à marchandises. — Essieux. — Roues. — Bandages. — Châssis. — Boggies. — Suspensions. — Boîtes à graisse. — Plaques de garde. — Barres d'attelage et chaînes de sûreté. — Tampons. — Ressorts de choc et de traction. — Freins. — Freins continus. — Automaticité des freins. — Freins électriques. — Indicateurs et enregistreurs de vitesse. — Organisation du service du matériel et de la traction dans les compagnies.

C. — Notions sur l'exploitation technique.

Code des signaux. — Signaux de la voie : signaux fixes et signaux mobiles. — Signaux détonants. — Signaux des trains et des machines. — Principe et but des enclenchements. — Circulation à double voie. — Circulation à voie unique. — Circulation temporaire à voie unique sur une ligne à double voie. — Cantonnement ou block-system. — Cloches électriques. — Bâton-pilote. — Différentes sortes de trains. — Tableaux graphiques de la marche des trains. — Organisation des services de l'exploitation technique dans les compagnies.

5° *Notions sur l'exploitation commerciale.*

Différentes espèces de tarifs. — Tarif légal. — Tarif général. — Tarifs spéciaux de grande et de petite vitesse. — Tarifs à base kilométrique uniforme. — Tarifs à base décroissante. — Barèmes. — Prix fermes. — Tarifs d'importation, d'exportation, de transit. — Tarifs communs. — Tarifs internationaux. — Tarif exceptionnel. — Frais accessoires. — Conditions générales d'application : des tarifs généraux G. V. et P. V., des tarifs spéciaux G. V., des tarifs spéciaux P. V. Notions sur le classement et le numérotage des tarifs spéciaux. — Lettre de voiture. — Récépissé. — Groupage. — Délais de transport. — Lettre d'avis. — Colis postaux. — Factage. — Camionnage. — Correspondance et réexpédition. — Règles concernant l'homologation et l'affichage des tarifs. — Notions sur les transports militaires. — Organisation du service commercial dans les compagnies.

6° *Notions générales de droit.*

A. — Droit pénal et instruction criminelle.

Droit pénal. — Du délit en général. — Définition et distinction des crimes, délits et contraventions. — Tentative et commencement d'exécution. — Des peines en matière criminelle, correctionnelle et de simple police. — De leurs effets. — Notions sur la culpabilité et la non-culpabilité. — Eléments constitutifs du délit. — Circonstances aggravantes. — Excuses. — Circonstances atténuantes. — Complicité. — Connexité. — Auteurs. — Coauteurs. — Complices. — Des faux commis dans les passeports, feuilles de route et certificats. — Rébellion. — Outrages et violences contre les dépositaires de l'autorité et de la force publique. — Dégradation de monuments. — Vagabondage et mendicité. — Délits commis par la voie d'écrits, images et gravures. — Meurtres. — Menaces. — Blessures et coups volontaires ou involontaires. — Attentats aux mœurs. — Arrestations illégales. — Faux témoignage. — Calomnies. — Injures. — Vols. — Escroqueries. — Fraudes. — Abus de confiance. — Infractions commises par les expéditeurs et par les voyageurs. — Incendies. — Destructions. — Dégradations. — Dommages. — Contraventions de droit commun. — Contraventions de 1re, 2e, 3e classes. — Dispositions communes à ces trois classes.

Instruction criminelle. — Action publique et action civile. — Délits commis sur le territoire et hors du territoire. — Police judiciaire. — Officiers de police judiciaire. — Moyens d'information. — Procès-verbaux. — Constatations. — Instruction dans les cas ordinaires et dans les cas de crimes ou délits flagrants. — Attributions et devoirs des commissaires de surveillance administrative considérés comme officiers de police judiciaire. — Attributions des commissaires spéciaux de police. — Notions générales sur l'organisation et la composition des juridictions pénales. — Compétence des cours et des tribunaux ordinaires et de simple police. — Transmission des procès-verbaux dressés par les commissaires de surveillance administrative des chemins de fer.

B. — Droit commercial.

Des commerçants. — Livres de commerce. — Des commissionnaires en général. — Des commissionnaires par terre et par eau.

— Du voiturier. — Obligations des expéditeurs et des compagnies au départ. — Obligations des destinataires et des compagnies à l'arrivée. — Responsabilité des compagnies. — De la juridiction commerciale. — Notions générales sur les obligations et les contrats en droit civil.

C. — Droit administratif.

Organisation et attributions des pouvoirs publics. — Juridictions diverses. — Compétence des tribunaux administratifs. — Contraventions de grande voirie. — Domaine public.

7° *Législation des chemins de fer et du travail.*

A. — Législation des chemins de fer.

Lignes d'intérêt général et lignes d'intérêt local. — Chemins de fer industriels et embranchements particuliers. — Lignes concédées et lignes non concédées. — Loi du 15 juillet 1845 sur la police des chemins de fer. — Ordonnance du 15 novembre 1846 et décret du 1er mars 1901 sur la police, la sûreté et l'exploitation des chemins de fer. — Généralités sur le cahier des charges d'une concession de chemins de fer d'intérêt général et sur les conventions des compagnies avec l'Etat. — Notions sur le régime des chemins de fer d'intérêt local et des tramways. — Impôts sur les transports. — Réglementation spéciale du transport des matières dangereuses et infectes et des bestiaux. — Organisation du contrôle de l'Etat. — Contrôle technique, contrôle commercial, contrôle du travail. — Attributions des différents fonctionnaires du contrôle. — Dispositions réglementaires relatives à l'hygiène, la propreté et la désinfection des voitures et des installations des gares.

B. — Législation du travail.

Généralités de législation ouvrière : syndicats professionnels ; contrat de louage ; conciliation et arbitrage ; saisie-arrêt ; travail des adultes ; travail des femmes et des enfants ; hygiène et sécurité ; sociétés de secours mutuels ; associations diverses. — Lois, décrets, circulaires et arrêtés concernant les accidents du travail.

8° *Géographie de la France et des colonies.*

Géographie physique de la France : frontières maritimes et continentales ; montagnes ; bassins ; fleuves, canaux, rivières et lacs ; ports maritimes. — Départements, chefs-lieux, villes principales. — Réseaux de chemins de fer. — Notions de géographie commerciale. — Principales productions et principaux centres de production. — Principales lignes de navigation desservant les ports français. — Notions générales sur les colonies françaises, et notamment sur l'Algérie.

Paris et Limoges. — Impr. milit. Henri CHARLES-LAVAUZELLE.